무시무시한
독을 뿜는 동물

 | Penguin
Random
House

Original Title: Poisonous and Venomous Animals
Copyright © 2023 Dorling Kindersley Limited
A Penguin Random House Company

www.dk.com

LEVEL 2

무시무시한 독을 뿜는 동물

루스 머스그레이브

DK | 삼성출판사

차례

위험해!

독을 가진 동물은 자신을 해치려는 포식자나 자신이
잡아먹으려는 먹잇감에게 끔찍한 고통을 주어요.
심한 경우 목숨을 빼앗기도 하지요.
독을 가진 동물이 독을 사용하는 방법은 두 가지예요.

◆ 만지면 안 돼요!
● 물리면 안 돼요!

제왕얼룩나비

나는 전 세계 여러
곳에 살아요. (14쪽)

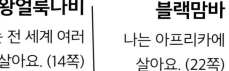

블랙맘바

나는 아프리카에
살아요. (22쪽)

타란툴라사냥벌

나는 미국의 일부 지역에
살아요. (26쪽)

복어

나는 전 세계 바다에
살아요. (8쪽)

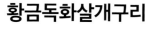

황금독화살개구리

나는 남아메리카의
콜롬비아에 살아요. (10쪽)

첫째는 적이 자신을 먹거나 만졌을 때 독을 뿜어내어
적의 몸에 독을 집어넣는 방법, 둘째는 물거나 쏘아서
적의 몸에 독을 집어넣는 방법이에요.
지금부터 독을 가진 동물의 이모저모를 살펴보아요.

독물총코브라

나는 아프리카
일부 지역에
살아요. (16쪽)

오스트레일리아
상자해파리

나는 인도양과
태평양 일부 지역에
살아요. (24쪽)

데스스토커

나는 아프리카와 아시아
일부 지역에 살아요. (18쪽)

파란고리문어

나는 오스트레일리아,
일본 그리고 인도네시아
바닷가에 살아요. (28쪽)

오리너구리

나는 오스트레일리아에
살아요. (20쪽)

두건피토휘

나는 파푸아뉴기니에
살아요. (12쪽)

복어

내가 조용히 헤엄치는 모습을 보면 평범한 물고기라고
생각할 거예요. 하지만 조심하길!
내 몸을 지켜야 할 때면 나는 물을 빨아들여 몸을
크게 부풀려서 적을 위협해요. 큰 덩치를 삼키기
힘들다고 판단한 적은 슬슬 꽁무니를 빼지요.
그래도 포기하지 않고 나를 잡아먹으려는 바보들이
있어요. 그럴 때는 얼얼한 아픔을 넘어 죽음의 맛을
보여 줄 수도 있어요. 나는 아주 무서운 독을 지녔기
때문이에요.

물을 빨아들여 몸집을
키우는 복어도 있고,
공기를 빨아들여 몸집을
키우는 복어도 있어요.

독은 내 껍질과 몸속 장기에 들어 있어요. 나를
물어뜯으려는 포식자들은 쓴맛에 질리거나 몸이
마비되어 고통받을 거예요. 심하면 목숨을 내놓아야
할지도 몰라요. 쉿, 사람의 목숨도 예외는 아니에요.

가시복

가시복은 복어의 친척이에요.
온몸에 삐죽삐죽 단단하고
긴 가시가 돋았지만, 복어처럼
무서운 독을 가지고 있지는 않아요.

황금독화살개구리

어때요? 나 예쁘지 않아요? 나는 고작 5센티미터 정도로
작아요. 하지만 밝은 노란색 때문에 나뭇잎이 많은 정글 숲
바닥에서도 눈에 확 띄지요.

나를 볼 수 있는 기회는 흔치 않으니까 실컷 구경하세요.
다만 절대 만지면 안 돼요. 나는 독을 가진 개구리 중에서
제일 위험하기 때문이에요.

나는 피부에서 독을 뿜어내요. 내가 스스로 독을 만들어
내는 것이 아니라 개미나 지네, 진드기 같은 먹이를 통해
독을 얻는다는 사실을 과학자들이 알아냈어요.

황금독화살개구리의 올챙이들이 어미 등에 올라탔어요.

밝은 노란색은 사실 경고색이에요. 나는 독이 있으니 물러나라는 표시지요. 그래도 꼭 나를 잡아먹겠다고 덤벼드는 포식자들은 죽음을 맞게 돼요. 내 독이 얼마나 강한지 궁금한가요? 내가 가진 독으로 2만 마리의 쥐를 죽일 수 있어요!

황금독화살개구리의 친척

중앙아메리카와 남아메리카에는 모두 300가지가 넘는 황금독화살개구리 친척이 살아요.

두건피토휘

밝은 색깔 깃털과 쓰레기통에서 풍겨 나오는 듯한
냄새에 놀랐다고요? 흐흐, 둘 다 포식자에게 보내는
나의 경고예요.
고운 목소리로 노래하는 나는 바다 건너 남쪽
파푸아뉴기니 섬의 정글 속에 살아요.
나는 깃털과 피부와 몸에서 떨어져 나오는 비듬에
독이 있어요. 가장 독이 많은 부분은 배와 가슴과
다리 쪽 깃털이에요.

두건피토휘는 독을 품은
깃털 말고 다른 방어 무기도
지녔어요. 바로 뾰족한
부리와 발톱이에요.

포식자로부터 공격을 받으면 나는 볏과 머리 쪽 깃털을
바짝 세우면서 고약한 냄새를 풍겨요. "내 고기는
별로 맛이 없어. 그러니 저리 가!"라는 경고를 보내는
셈이지요. 경고를 무시하고 나에게 덤벼드는 녀석은
지독한 벌을 받기 마련이에요. 콜록콜록 재채기에,
불타는 듯한 통증에, 줄줄 흐르는 눈물까지. 너무
아파서 바닥에 뒹굴지도 몰라요.
알이나 새끼를 잡아먹으려는 포식자의 공격에도 항상
대비하고 있어요. 알과 새끼는 물론 둥지에도 독을
듬뿍듬뿍 발라 놓지요.

제왕얼룩나비

우아한 날개를 팔랑이며 꽃 사이를 훨훨 날아다니는
나를 보면 함께 놀고 싶을 거예요. 하지만 화려한 색깔의
날개는 나에게 가까이 오라는 초대장이 아니에요.
오히려 정반대지요. "저리 가!"라는 경고의 신호거든요.
밀크위드라는 식물은 독을 지닌 우윳빛 즙을 뿜어내요.
나는 이 풀에 알을 낳아요. 알을 깨고 나온 애벌레는
밀크위드의 잎을 갉아 먹어요. 아삭아삭, 사각사각!
애벌레는 쑥쑥 자라서 번데기가 되어요. 그리고 2주 정도
지나면 번데기 속에서 나비로 변신한 어른벌레가 나오는
거예요. 그러니 생각해 보세요.

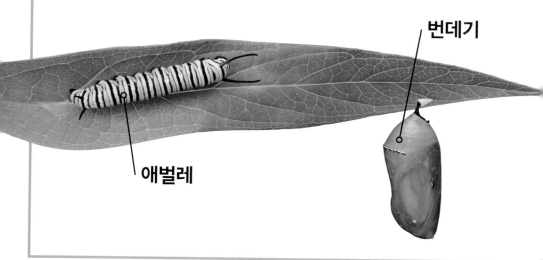

번데기

애벌레

애벌레 때 먹었던 밀크위드의 독이
어른벌레의 몸에 고스란히 남아
있지 않겠어요?
다시 말하지만 나의 화려한
색깔은 "나는 맛없어."라는 경고예요.
과학자들은 내 친구들을 잡아먹은
포식자들이 "웩, 엄청 맛없네. 다음에 비슷한
놈을 만나면 입에 대지 말아야지."라며 지혜를
배운다고 믿어요. 물론 이 방법이 모두에게 통하지는
않아요. 검은머리꾀꼬리, 검은귀쥐를 만나면
나도 고양이 앞의 쥐처럼 꼼짝 못 해요.

총독나비

총독나비는 제왕얼룩나비의 날개
색을 흉내 냈어요. 포식자들이
총독나비를 제왕얼룩나비로
착각하게 만들기 위해서예요.
정말 기가 막힌 작전이지요!

독물총코브라

독을 가진 모든 동물이 선명한 색깔로 포식자에게
경고 신호를 보내는 건 아니에요. 더 단순하고 빠른
방법을 이용해 적으로부터 자신을 지키고 먹잇감을 잡는
동물도 많아요.

바로 내가 그런 동물이에요. 여러분이 내가 보내는 경고
신호를 눈치챘을 때는 이미 늦었어요. 위기가 닥치면
나는 잠시도 머뭇거리지 않고 바로 독을 발사하기
때문이에요.

이때 나는 독니 쪽에 있는 독샘 주변의 근육을 잽싸게
움직여요. 그러면 물총을 눌렀을 때 물이 찍 나오듯이
독이 세차게 뿜어져 나와요.

나는 주로 적의 눈을 노려요. 독이 눈에 명중하면 적은
불에 타는 듯한 끔찍한 고통을 맛보게 돼요. 이 기회를
틈타 나는 슬쩍 도망가지요.

내가 냉큼 물 수 있을 정도로 적이 가까이 다가오면,
나는 인정사정없이 물어 버려요. 그럼 적은 얼마 안 가
목숨을 잃기도 해요.

독물총코브라의 독은
눈이 멀어 버릴 만큼
강력해요.

독침

집게발

데스스토커

나를 건드리지 마세요. 그러면 나도 여러분을 해치지
않을게요.

나는 조심성이 많은 사냥꾼이에요. 사막의 모래밭을
기어다니는 거미, 메뚜기, 지네 그리고 다른 전갈 같은
먹잇감을 다리 끝으로 더듬어 찾아내지요.

곤충이 나타나면 나는 재빨리 달려들어 집게발로 콱
잡아요. 그런 다음 꼬리를 말아 올려 독침으로 찔러요.

거미의 친척인 전갈은 그 종류가 무려 2000가지에 달해요.

작지만 강하다!
작은 전갈이 큰 전갈보다
더 위험할 때가 많아요.
덩치가 작아 자신을 지켜 낼
수단이 독침밖에 없기 때문이에요.

나를 지키기 위해서라면 나는 '죽음의 사냥꾼'이라는
이름답게 무시무시한 공격성을 보여 줘요. 나를
해치려는 동물이나 사람에게 독침 공격을 쉬지 않고
퍼붓는 거예요. 그렇게 독침 공격을 받으면 엄청난
고통 때문에 몇 달간 끙끙 앓아요. 최악의 경우 죽음을
맞이할지도 모르지요.

오리너구리

나는 평소에는 온순한 동물이에요. 하지만 다른 수컷 오리너구리가 도전해 오거나 적이 공격해 오면 참고만 있지 않아요.

나는 아주 특이한 동물이에요. 첫째, 오리를 닮은 부리와 비버를 닮은 꼬리와 수달을 닮은 발을 지녔어요. 둘째, 암컷 오리너구리는 다른 포유류 동물과 달리 새끼 대신 알을 낳아요. 셋째, 나 같은 수컷 오리너구리는 독을 지녔어요. 독을 지닌 포유류는 몇 종류밖에 없어요.

오리너구리는 강이나 연못 또는 늪에 살아요.

나의 뒷발에는 독샘과 연결된 며느리발톱이 하나씩 돋아
있어요. 짝짓기 계절이 돌아오면 수컷들은 며느리발톱을
이용해 한바탕 싸움을 벌여요. 암컷 오리너구리를
차지해 새끼를 낳고, 먹이를 구할 땅을 지키기
위해서예요.
며느리발톱에서 나온 독이 다른 수컷을 죽일 만큼
강하지는 않아요. 하지만 독이 몸속에 들어가면 상대는
움직임이 느려져요. 나는 그 틈을 노려 싸움을 끝낼 수
있지요.

독을 뿜는 며느리발톱
오리너구리 뒷발에 달린
며느리발톱은 독을 만들어
내는 독샘과 연결되어 있어요.

블랙맘바

나 좀 볼래요? 내 눈을 봐요. 여러분을 뚫어져라 노려보고 있잖아요. 입은 또 어떤가요? 짝 벌렸어요. 쉭쉭! 그래요. 나 지금 뿔이 단단히 났다고요.

나는 적에게 경고를 먼저 보내요. 쉭쉭 소리를 내면서 고개를 꼿꼿이 세우고 목을 납작하게 넓혀요. 그리고 턱을 크게 벌려 시커먼 입안을 보여 주지요.

납작하게 넓힌 목

블랙맘바는 위턱과 아래턱을 따로따로 움직여 아주 크게 벌릴 수 있어요. 작은 포유류 동물이나 새를 통째로 집어삼킬 수 있지요.

블랙맘바의 이름에
'블랙(검은색)'이 들어간 까닭은
입안이 짙은 검은색이기
때문이에요.

그래도 적이 경고를 무시하고 덤벼들면 나는 바늘처럼
뾰족한 독니로 적을 물어 무시무시한 독을 뿜어내요.
이 독니 공격은 한 번으로 끝나지 않아요. 나는 물고 또
물어요. 적이 도망가도 공격을 멈출 줄 몰라요.
내 독이 얼마나 위험한지 아나요? 독니 하나에는
스무 방울 정도 되는 독이 들어 있어요. 그런데 단
두 방울만으로도 사람의 목숨을 빼앗을 수 있어요.
해독제로 최대한 빨리 치료를 받는다면 괜찮아질 수도
있어요.
나는 속도와 크기로도 여러분을 공포에 떨게 만들 수
있어요. 나는 세상에서 가장 날쌘 뱀이라 여러분이
자전거를 타고 달리는 속도만큼 빠르거든요. 덩치도
커서 5미터 가까이 자라나요. 웬만한 자동차만큼 길
거예요. 쉭쉭!

오스트레일리아 상자해파리

유리처럼 투명한 몸이 정말 아름답지요? 사실 내 몸은
투명해서 바닷속에서 나를 알아보기가 쉽지 않아요.
물론 헤엄을 치다 나와 부딪치면 나를 만났나 보다
생각할 수는 있을 거예요. 하지만 그때는 이미 강렬한
고통에 괴로워하고 있을 거예요. 나는 아름답지만 독을
감춘 동물이기 때문이에요.

나는 독을 가진 바다 동물 가운데 가장 위험해요.
내 기다란 촉수에는 '자포'가 많아요. 자포는 적과
먹잇감을 찌르고 독을 넣을 수 있는 세포예요.
나에게 쏘이면 지독하게 아픈 데다 살이 죽어 가요.
심하게 쏘였다면 목숨을 잃을지도
모를 일이지요.

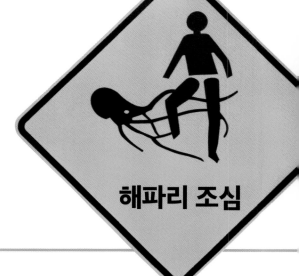

해파리 조심

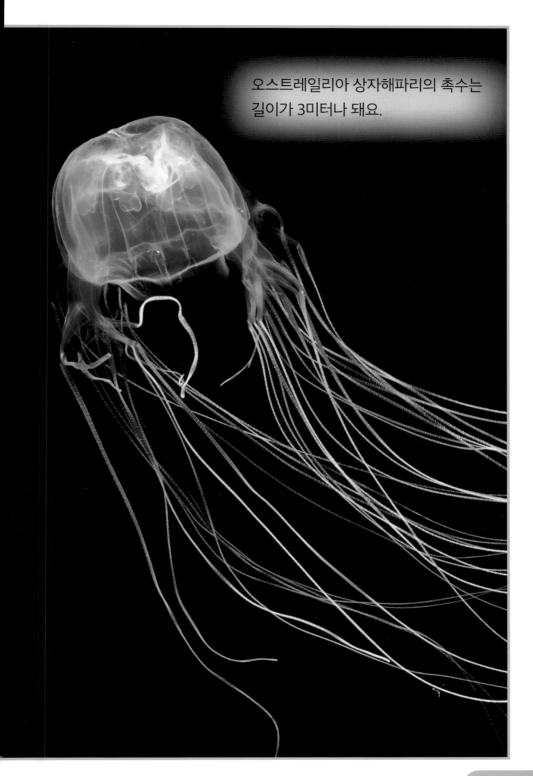

오스트레일리아 상자해파리의 촉수는
길이가 3미터나 돼요.

타란툴라사냥벌

내 선명한 주황색 날개가 보이나요? 이것은
경고색이에요. 나에게는 기다란 침이 달렸으니까
조심하라는 신호지요.

안녕하세요, 나는 암컷 타란툴라사냥벌이에요. 우리는
한가로이 꽃밭을 날아다니며 꽃꿀을 빨아 먹어요.
평화로워 보이지요? 하지만 겉모습에 속지 마세요.
독침이 없는 수컷과 달리, 암컷은 독침 한 방으로 지독한
고통을 선사할 수도 있으니까요.

내 독침은 세상에서 가장 큰 거미 중 하나인 타란툴라를
사냥하는 무기예요. 나는 타란툴라를 찾아 여기저기
돌아다녀요. 땅속 굴로 곧장 쳐들어갈 때도 있지요.
엎치락뒤치락 싸움이 일어나고 이때 독침이 필요해요.
내 독침 한 방이면 타란툴라는 저항을 멈춰요.

타란툴라사냥벌은 위협을
당하지 않는 이상 먼저
공격하지 않아요.

부드럽지만 강하게

타란툴라는 덩치가 큰 데다 험악하게 생겼지만 조심스럽고 얌전한 거미예요. 꼭 필요한 경우가 아니라면 덤비거나 물지 않아요. 타란툴라사냥벌과 목숨을 걸고 싸울 때는 강력한 턱과 독을 사용하지요.

독은 바로 타란툴라를 마비시켜요. 하지만 목숨은 아직 붙어 있지요. 나는 미리 파 놓은 굴속으로 타란툴라를 끌고 들어가요. 그런 다음 타란툴라의 몸 위에 알을 하나 낳아요. 굴을 떠나기 전에는 입구를 막아요. 다른 동물이 알과 타란툴라를 건드리면 안 되니까요.

그래요, 나는 내가 먹으려고 타란툴라를 잡는 것이 아니에요. 알을 깨고 애벌레가 나오면 이 녀석이 타란툴라의 몸 안으로 비집고 들어가요. 그리고 아직 살아 있는 타란툴라를 먹으면서 자라나는 거예요. 애벌레가 어른벌레가 될 때쯤이면 타란툴라는 온데간데없이 사라져 버리지요.

파란고리문어

덩치가 작다고 깔보지 마세요. 파란색으로 빛나는 둥근 고리가 선명하게 드러나면 내게서 떨어지라는 무서운 경고이니까요.

평소에 나는 얌전한 편이에요. 하지만 먼저 공격을 당하면 절대로 봐주지 않아요. 몸길이는 10센티미터 정도이고 몸무게는 연필 한 자루보다 가볍지만, 나는 75킬로그램 정도 나가는 동물 열 마리의 목숨을 빼앗을 만한 독을 지녔어요.

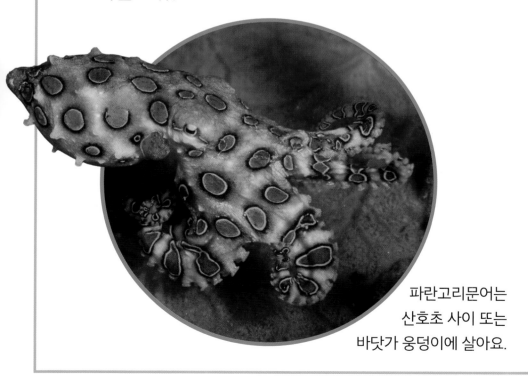

파란고리문어는 산호초 사이 또는 바닷가 웅덩이에 살아요.

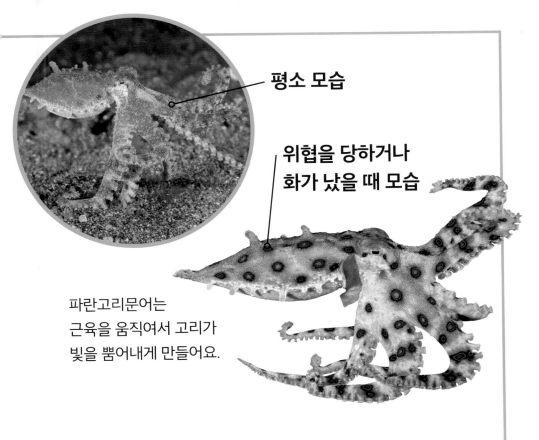

평소 모습

위협을 당하거나
화가 났을 때 모습

파란고리문어는
근육을 움직여서 고리가
빛을 뿜어내게 만들어요.

내 몸통과 다리에는 파란색 고리가 수십 개 돋아 있어요.
별일 없을 때는 색깔이 흐릿하지요. 그러나 화가 나거나
적이 나를 위협하면 고리의 색이 변해요. 파란색 고리가
선명하게 드러나면서 깜박깜박 빛을 뿜어요. 나는
상황에 따라 색의 농도와 깜박이는 속도를 조절할 수
있어요.
마지막으로 여러분에게 충고 하나 할게요.
'독을 가진 동물'을 만나게 되면 부디 조심하시길!

용어 정리

경고색
포식자에게 겁을 주기 위한 몸의 색깔

독
식물이나 동물이 만들어 내는 물질로 건강이나 생명에 해롭다.

마비
감각과 힘을 쓰지 못해 움직임이 정지되는 일

며느리발톱
동물의 뒷발에 달린 발톱 또는 새끼발톱 뒤에 덧달린 작은 발톱

번데기
애벌레가 어른벌레로 자라나기 전에 아무것도 먹지 않고 움직이지도 않은 채 고치 같은 것 속에 들어 있는 몸

비듬
동물의 피부, 깃털, 머리털 등에서 떨어져 나오는 작은 조각

자포
적과 먹잇감을 찌르고 독을 넣을 수 있는 세포 기관

집게발
발끝이 집게처럼 생긴 발

침 또는 독침
바늘처럼 뾰족하게 돋아난 것으로 동물이 독을 집어넣는 데 쓴다.

해독제
몸에 들어간 독의 효과를 없애 주는 약

퀴즈

이 책을 읽고 무엇을 알게 되었는지 물음에 답해 보세요.
(정답은 맨 아래에 있어요.)

1. "복어는 자신을 지켜야 할 때만 독을 사용한다."
    진실 또는 거짓?

2. 세상에서 가장 위험한 개구리는 무엇일까요?

3. 독을 가진 제왕얼룩나비와 비슷해 보이지만 독이 없는
    나비는 무엇일까요?

4. 독니로 물총을 쏘듯 독을 발사하는 동물은 무엇일까요?

5. 독을 뿜어내는 며느리발톱은 수컷 오리너구리의
    어느 부분에 있을까요?

6. 독을 가졌으나 몸이 투명하여 바닷속에서 알아보기 힘든
    동물은 무엇일까요?

7. 파란고리문어는 언제 파란 고리에서 빛을 낼까요?

1. 진실 2. 황금독화살개구리 3. 총독나비 4. 독물총코브라 5. 뒷발
6. 오스트레일리아 상자해파리 7. 위협을 당하거나 화가 났을 때

DK 읽는재미!
SUPER Readers

아이들의 흥미와 발달을 모두 고려한
체계적인 읽기 프로그램 <DK 읽는 재미>.
스트레스 없는 책 읽기를 통해
아이들의 문해력이 자연스럽게 향상됩니다.

LEVEL 1
스스로 읽어요

취학 전~
초등 1학년

본문 32p